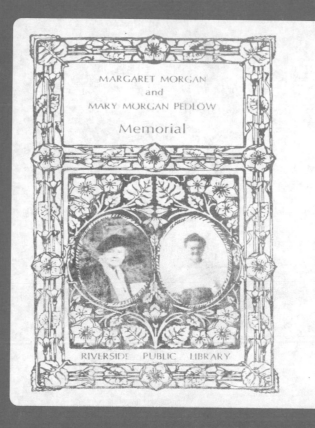

MARGARET MORGAN
and
MARY MORGAN PEDLOW

Memorial

RIVERSIDE PUBLIC LIBRARY

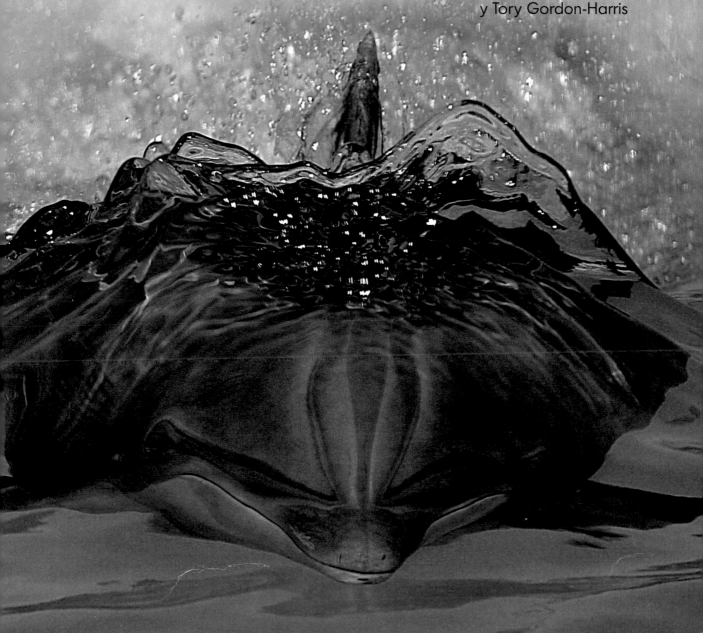

SCHOLASTIC explora tu mundo™

Delfines

Penelope Arlon
y Tory Gordon-Harris

Explora un poco más con el libro digital complementario gratis.

historias de rescates por delfines

libro digital de Delfines

Moko y las ballenas

Moko era un delfín amigable. A menudo se le podía ver nadando en las costas de Nueva Zelanda.

Nueva Zelanda

Un día, una mamá ballena y su bebé se quedaron atrapados entre una playa y un banco de arena.

¿Cuántos delfines?

¿Cuántas orcas?
6 9
7

¿Cuántos delfines manchados?
7 10
8

9 12
7

¡Lee relatos sobre delfines heroicos!

¡Sonidos!

¡Videos!

¡Actividades!

Para descargar el libro digital, visita el sitio de Internet en inglés **www.scholastic.com/discovermore**

Escribe este código: RMK6HCNR7N4C

Contenido

Literacy Consultant: Barbara Russ, 21st Century Community Learning Center Director for Winooski (Vermont) School District

Natural History Consultant: Kim Dennis-Bryan, PhD

Originally published in English as *Scholastic Discover More™: Dolphins*
Copyright © 2014 by Scholastic Inc.
Translation copyright © 2014 by Scholastic Inc.

ISBN 978-0-545-69514-5

10 9 8 7 6 5 4 3 2 1   14 15 16 17 18

Printed in Malaysia 108
First Spanish edition, September 2014

Scholastic hace esfuerzos constantes por reducir el impacto ecológico de nuestros procesos de manufactura. Para ver nuestras normas para la obtención de papel, visite www.scholastic.com/paperpolicy

Tipos de delfines

¿Has visto los delfines saltar sobre el agua? Hay 42 tipos de delfines, todos simpáticos e inteligentes.

Grandes
y chicos

La orca, o ballena asesina, es el delfín más grande. ¡Puede medir 32 pies (9,8 m) de largo!

El más pequeño es el delfín de Maui. Mide 4 pies (1,2 m) de largo y vive en las costas de Nueva Zelanda.

hombre

Algunas especies

delfín acróbata

delfín manchado

delfín nariz de botella

delfín común

Los delfines saltan sobre el agua cuando están contentos.

delfín nariz de botella

delfín oscuro

falsa orca

delfín de Héctor

delfín pío

Mamíferos marinos

Los delfines parecen peces, pero en realidad son mamíferos que viven en el agua.

Los mamíferos respiran aire. Los delfines tienen que salir a la superficie para respirar.

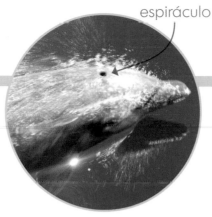

espiráculo

Como la mayoría de los mamíferos, los delfines paren a sus crías y las amamantan.

Los delfines respiran a través de un orificio llamado espiráculo, no por la boca.

Los mamíferos tienen la sangre caliente. Sus cuerpos se mantienen cálidos en el agua fría.

Cuando están bajo el agua, los delfines cierran el espiráculo.

Medio dormidos

Los delfines no duermen sino que hacen que la mitad de su cerebro descanse mientras la otra mitad los mantiene alerta.

Supersentidos

Los delfines son muy inteligentes. Tienen cerebros grandes y sentidos agudos para descubrir el mundo que los rodea.

Superinteligentes

Los delfines tienen cerebros grandes en relación con su cuerpo y son muy inteligentes. ¡Tienen cerebros más grandes que los humanos!

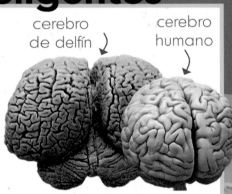

cerebro de delfín

cerebro humano

Los delfines emiten sonidos que rebotan al chocar contra una presa y regresan a ellos. Eso se llama ecolocación.

calamar
(comida deliciosa)

La mayoría de los delfines tiene buena vista tanto en el agua como fuera de ella.

La piel de los delfines es gruesa pero sensible. A veces "hablan" entre ellos tocándose.

Los delfines no tienen olfato, pero sí tienen gusto. ¡Y comidas preferidas como tú!

Usan la ecolocación para buscar comida.

Veloces nadadores

El cuerpo de los delfines tiene la forma ideal para vivir y moverse bajo el agua.

Mira dentro

Los huesos de los delfines son más ligeros que los de los animales terrestres. Eso les permite flotar. Su piel es diez veces más gruesa que la del cuerpo humano, y tienen una capa de grasa que los protege del frío.

Los delfines nadan cinco veces más rápido que el ser humano más veloz.

El delfín agita la cola con fuerza y logra "pararse" sobre el agua.

El delfín mueve la cola hacia arriba y hacia abajo para avanzar.

La aleta dorsal permite al delfín mantener su posición sin voltearse.

En la manada

Los delfines viven en manadas. Los miembros de una manada se ayudan entre sí y enseñan a las crías.

A veces varias manadas se combinan y forman una supermanada. Los delfines de esta supermanada avanzan saltando sobre el agua.

Las manadas tienen entre 15 y 20 miembros.

Los miembros se ayudan para buscar comida.

Las hembras cuidan a las crías recién nacidas.

¡Peligro!

El gran tiburón blanco y la orca son los peores enemigos de los delfines. Estos se enfrentan a los tiburones golpeándolos con el hocico desde abajo.

Si un delfín está herido, la manada lo ayuda.

Se comunican entre ellos con silbidos y sonidos.

Juegan y disfrutan la compañía de los otros delfines.

Las crías

Las crías de los delfines nacen bajo el agua. Y desde que nacen saben nadar.

Las madres y las crías mayores enseñan a las crías pequeñas a cazar y a jugar.

Las crías viven con la madre.

La cría nace y su madre la lleva hasta la superficie para que respire.

Cuando la madre necesita buscar comida, otras hembras jóvenes de la manada cuidan a la cría.

La madre amamanta a su cría durante 18 meses o más.

Cuando la hembra de delfín tiene unos ocho años, ya puede tener crías.

pulpo delicioso

A los seis meses, la madre enseña a la cría a cazar para que busque su propia comida.

Llevarse bien

Los delfines tienen su propio lenguaje. "Hablan" entre ellos con silbidos y sonidos.

Cada delfín nariz de botella tiene su propio sonido. Los otros miembros de la manada lo llaman haciendo ese sonido, como si fuera su nombre.

A diferencia de la mayoría de los animales, los delfines conocen a sus amigos y reconocen su propia imagen en un espejo.

Los delfines saltan sobre el agua para atraer la atención de los demás delfines.

Los delfines se tocan unos a otros igual que los humanos se dan la mano o se abrazan.

Los sonidos de los delfines están entre los más potentes producidos por animales marinos.

¡A jugar!

A los delfines les encanta jugar. Se salpican con agua como niños en una piscina.

Estos delfines se divierten haciendo surf sobre las olas.

Los delfines juegan a perseguirse. Uno trata de alcanzar al otro y le pasa por encima.

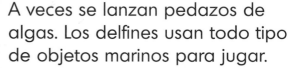

A veces se lanzan pedazos de algas. Los delfines usan todo tipo de objetos marinos para jugar.

Los delfines hacen burbujas respirando bajo el agua. ¡Y luego juegan con las burbujas!

Los delfines tienen personalidades diferentes, como nosotros. Algunos son tímidos y otros, vanidosos.

¡A comer!

Los delfines son carnívoros, comen solo carne. Son buenos cazadores. Pocos animales se atreven a atacarlos.

Los delfines sacan la cabeza del agua para mirar a su alrededor en busca de comida.

Comidas preferidas

calamar   boquerones   cangrejo   macarela

Tienen hasta 220 dientes pequeños y afilados con los que atrapan peces y calamares.

Los delfines tragan sus presas enteras, o las sacuden hasta quebrarlas.

Cacería en grupo

Los delfines a veces cazan solos, pero tienen más éxito cuando lo hacen en grupo.

Una manada de delfines nada alrededor de un banco de peces, obligándolos a formar un grupo compacto.

esponja

Los delfines se enseñan trucos unos a otros. Usan esponjas para protegerse el hocico.

Estos delfines nariz de botella persiguen a los peces hasta la orilla, donde es más fácil atraparlos.

Cuando tienen a los peces bajo control, los delfines se turnan para devorarlos.

Algunos delfines obligan a los peces a meterse en las redes. Y los pescadores les regalan comida.

Las orcas

El cazador más exitoso del mar es el delfín más grande: la orca.

Las orcas tienen hasta 52 dientes, y cada uno mide unas 4 pulgadas (10 cm) de largo.

orca hambrienta

Aguas frías

Los pingüinos y las focas se sienten seguros en los icebergs. Pero las orcas agitan el agua con su cuerpo para hacerlos caer al mar.

La orca come animales grandes.

cachalote

pingüino

foca

Estos gigantes van
hasta la misma
orilla del mar para
cazar a las focas.

pobre
foca

En los ríos

Hay tres tipos de delfines que viven en los ríos.

Los delfines del río Amazonas de América del Sur pueden ser rosados.

Los delfines de río son más pequeños que los del mar, pero tienen el hocico más largo.

No ven bien en las aguas lodosas: usan la ecolocación para cazar a sus presas.

Los delfines de río viven solos o en grupos pequeños.

Los delfines de río tienen pocos enemigos, pero a veces las anacondas atrapan delfines del Amazonas.

Una gran amistad

Los delfines y los seres humanos han tenido una amistad muy especial por miles de años.

En la antigüedad, los delfines eran considerados los protectores del mar. Muchas leyendas de distintas partes del mundo hablan de delfines que rescataron barcos perdidos en el mar.

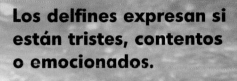

Los delfines expresan si están tristes, contentos o emocionados.

El mayor peligro para los delfines es quedar atrapados en las redes de pesca.

Pero los seres humanos también son una gran amenaza.

La pesca excesiva les quita la comida a los delfines. Y la contaminación de los ríos ha hecho que algunas especies de delfines desaparezcan.

Pero también hay buenas noticias. Hace poco se descubrió en Australia un nuevo tipo de delfín: el delfín burrunan.

Glosario

agua dulce
Agua que no contiene sal o que contiene muy poca. Casi todos los ríos son de agua dulce, mientras que los mares y océanos son de agua salada.

aleta dorsal
Aleta que el delfín tiene en el lomo.

amamantar
Dar de mamar. La cría toma la leche que produce su madre.

amenaza
Algo que pone en peligro a una cosa, planta o animal.

animal de sangre caliente
Animal que puede regular la temperatura de su cuerpo. Los mamíferos tienen sangre caliente y mantienen la misma temperatura aunque esta cambie en su entorno.

carnívoro
Animal que come carne.

cría
A los bebés de los animales, en general, se los llama crías.

ecolocación
Método que usan algunos animales para buscar alimentos u otros objetos cuando están en la oscuridad o bajo el agua. El animal emite un sonido que rebota contra los objetos que encuentra y regresa al animal que lo emitió.

espiráculo
El orificio, o par de orificios, que los delfines tienen sobre la cabeza y que les permite respirar.

grasa
Los delfines, las ballenas y las focas tienen una peculiar capa de grasa bajo la piel que los protege del frío de las zonas donde viven.

hocico
La parte delantera y alargada de la cabeza de algunos animales, donde están la mandíbula y la boca.

iceberg
Un gran pedazo de
hielo formado a partir
de agua dulce que
flota a la deriva en
el océano.

mamífero
Animal de sangre
caliente. Los mamíferos
respiran aire. Las
hembras producen
leche con la que

alimentan a sus crías.
Los seres humanos y los
delfines son mamíferos.

manada
Nombre que se le
da a un grupo de
animales, como los
lobos, las ballenas o
los delfines, que viven
juntos y se ayudan
para conseguir
alimento. A veces dos

o más manadas de
delfines se combinan
para formar una
supermanada.

pesca excesiva
Cuando se pesca
tanto una especie
que no quedan
muchos ejemplares
en el mar.

presa
Animal que es cazado
y devorado por otro.

Índice

Agradecimientos

Directora de arte: Bryn Walls
Diseñadora: Ali Scrivens
Editora general: Miranda Smith
Editora de producción: Stephanie Engel
Editora en EE.UU.: Esther Lin
Editores en español: María Domínguez, J.P. Lombana
Diseñador de la cubierta: Neal Cobourne
DTP: John Goldsmid
Editora de fotografía: Marybeth Kavanagh

Créditos fotográficos y artísticos
1: blickwinkel/Alamy Images; 2tr: Paul Airs/Alamy Images; 3: iStockphoto/Thinkstock; 4–5 (delfines leaping): Mike Hill/Alamy Images; 4 (orca): MichaelPrice/iStockphoto; 4 (Delfín de Héctor de Maui): Jon Hughes; 4bl, 4bcl: iStockphoto/Thinkstock; 4bcr: MichaelPrice/iStockphoto; 4br: jamenpercy/iStockphoto; 5bl: ad_doward/iStockphoto; 5bcl: Protected Resources Division, Southwest Fisheries Science Center, La Jolla, California/Wikipedia; 5bcr: James Shook/Wikipedia; 5br: Kirsten Wahlquist; 6–7 (delfines with fish): Stephen Frink Collection/Alamy Images; 6 (smiling delfín): Paul Airs/Alamy Images; 7tl: anthonycake/iStockphoto; 7tc: serengeti130/iStockphoto; 7tr: aragami123345/iStockphoto; 7br: urosr/iStockphoto; 8–9 (delfín swimming): Image Source/Alamy Images; 8 (brains): Boksi/State Museum of Natural History Stuttgart/Wikipedia; 8 (octopus): Tammy616/iStockphoto; 9tl: ViewApart/iStockphoto; 9tc: szgoghl/iStockphoto; 9tr (background): Peter Schinck/Fotolia; 9tr (squid): Dansin/iStockphoto; 10–11 (delfín swimming): blickwinkel/Alamy Images; 10bl: Thierry Berrod, Mona Lisa Production/Science Source; 11tr: brightstorm/iStockphoto; 11cr: Becart/iStockphoto; 11br: vixdw/iStockphoto; 12–13 (superpod): DavidMSchrader/iStockphoto; 12bl: A7880S/Shutterstock; 12bc: Willyam Bradberry/Shutterstock;

12br: DebraMcGuire/iStockphoto; 13tr: Michael Patrick O'Neill/Science Source; 13bl: Gennadiy Poznyakov/Fotolia; 13bc: skynesher/iStockphoto; 13br: Angus/Fotolia; 14: Willyam Bradberry/Shutterstock; 15tr: skynesher/iStockphoto; 15ct: DebraMcGuire/iStockphoto; 15cl: Jeff Kinsey/Fotolia; 15cr: Antonio_Husadel/iStockphoto; 15cb: Tammy616/iStockphoto; 16–17 (delfines talking): Frans Lanting, Mint Images/Science Photo Library/Science Source; 17tr: Fuse/Thinkstock; 17cr: Aleksandr Lesik/Fotolia; 17br: Nichols801/iStockphoto; 18–19 (delfines surfing): blickwinkel/Alamy Images; 18bl: Aleksandr Lesik/Fotolia; 18br: George Karbus Photography; 19bl: Angel Fitor/Science Photo Library/Science Source; 19br: emilywineman/iStockphoto; 20: iStockphoto/Thinkstock; 21tl (background): Peter Schinck/Fotolia; 21tl (squid): Lunamarina/iStockphoto; 21tcl: Nikontiger/iStockphoto; 21tcr (background): crisod/Fotolia; 21tcr (crab): JustineG/iStockphoto; 21tr (background): Peter Schinck/Fotolia; 21tr (mackerel): PicturePartners/iStockphoto; 21b: Alexis Rosenfeld/Science Photo Library/Science Source; 22–23 (delfines hunting): Christopher Swann/Science Photo Library/Science Source; 23 (sponge): AndreasReh/iStockphoto; 23cr: Janet Mann, National Academy of Sciences/AP Images; 23cr: czardases/Fotolia; 23br: Timothy Allen; 24–25 (orca hunting): Wildlife GmbH/Alamy Images; 24bl: Wikipedia; 24tr: wwing/iStockphoto; 25tl: Gabriel Barathieu/Flickr/Wikipedia; 25tc: flammulated/iStockphoto; 25tr: Photoart-Sicking/Fotolia; 26–27 (Amazon River delfín): Mark Carwardine/Peter Arnold/Getty Images; 27tl: dennisvdw/iStockphoto; 27tc: Dennis Otten/Wikipedia; 27tr: Mark Smith/Science Source; 28–29 (delfín and swimmer): Alexis Rosenfeld/Science Photo Library/Science Source; 28bl: iStockphoto/Thinkstock; 29tr: SteveDF/iStockphoto; 29cr: Mark Carwardine/Minden Pictures; 29br: Adrian Howard/Monash University, School of Biological Sciences; 30–31: iStockphoto/Thinkstock.

Créditos de la cubierta
Front cover: (tr) iStockphoto/Thinkstock; (tl) hdere/iStockphoto; (delfines l, c) Stephen Frink/Getty Images; (delfín r) Brandon Cole Marine Photography; (water) AndreyKuzmin/Dreamstime; (splash) Emevil/Dreamstime; (background icon) Bluedarkat/Dreamstime. Back cover: (computer monitor) Manaemedia/Dreamstime.